GABRIELE GSCHIEL

Sandy

Eine sandbärenstarke Geschichte

MIT ILLUSTRATIONEN VON LISA RIEDL

ÜBER DIE AUTORIN

Gabriele Gschiel wurde in einer kleinen Stadt westlich von Graz (Österreich) geboren und arbeitet seit drei Jahrzehnten als Bibliothekarin. Die Literaturvermittlung für Kinder im Vor- und Volksschulbereich ist ihr eine Herzensangelegenheit.

ÜBER DIE ILLUSTRATORIN

Lisa Riedl wurde ebenfalls in der Nähe von Graz (Österreich) geboren und studierte an der Muthesius Kunsthochschule in Kiel (Deutschland) Kommunikationsdesign. Heute lebt und arbeitet sie in Berlin.

„Sandy“ ist das erste gemeinsame literarische Mutter-Tochter-Projekt.

Wir danken der Lektorin Cordula Gerndt in Regensburg für die Unterstützung bei der Umsetzung dieses Buchprojekts.

edition keiper

IMPRESSUM

Illustrationen: Lisa Riedl
Text: Gabriele Gschiel
Layout, Satz: Lisa Riedl
Lektorat: Cordula Carla Gerndt
Druckerei: ADverts
Druckbabwicklung: MB Druckbetreuung – EVERGREEN Media Kft.

ISBN: 978-3-903575-19-6

Für Lisa & Daniel

Auf einer winzigen Insel mitten im großen Meer lebt ein kleiner Bär.
Es ist kein Eisbär, kein Pandabär, kein Koalabär und auch kein Braunbär.

Nein – es ist ein Sandbär!

Sein Name ist Sandy.

Auf Sandys Insel gibt es sehr viel Sand.
Das ist toll! Mit Sand kann man nämlich jede Menge machen.

Sandkuchen backen zum Beispiel.
Oder Sandburgen bauen.
Oder Löcher buddeln.

Ja, man kann sich sogar selbst darin eingraben und die Sandkörner dann wieder abschütteln.

Sandy liebt Sand!

Außer Sand gibt es auf Sandys Insel auch noch eine Palme.

Das ist praktisch, denn wenn es im Sommer heiß ist, findet der Sandbär darunter Schatten.

Oft liegt Sandy mittags unter der Palme und träumt.
Er träumt vom blauen Meer, von seiner grünen Palme, von der warmen Sonne und natürlich vom sandgelben Sand.

Eines Tages aber wird die gemütliche Ruhe des Sandbären gestört. Ein aufgeregtes Flattern und Pfeifen reißt ihn aus seinem Mittagsschlaf. Vorsichtig öffnet Sandy erst das eine und dann das andere Auge.

Huch?!

Was ist denn das?

Mitten auf seinem Bauch sitzt ein knallbunter Vogel mit einem leuchtend orangen Schnabel und einem roten Schopf auf dem Kopf.

„Hey, Kugel!“, krakeelt der Fremde. „Ich musste notlanden. Wo bin ich?“

„Äh… auf meiner Insel“, antwortet Sandy verblüfft.

„Mein Name ist Birdy. Ich bin auf meinem Flug nach Süden durch einen Wirbelsturm vom Weg abgekommen und aus Versehen hier gelandet."
Der bunte Vogel sieht sich neugierig um. „Cool hier! Sooooo viel Sand!"

„Stimmt", brummt der Bär. „Sand gibt es hier genug."
Dann macht er seine Augen wieder zu. Erst das eine, dann das andere.
Sandy hat noch nie in seinem Leben Besuch bekommen.
Er weiß gar nicht, was man tut, wenn man einen Gast hat.

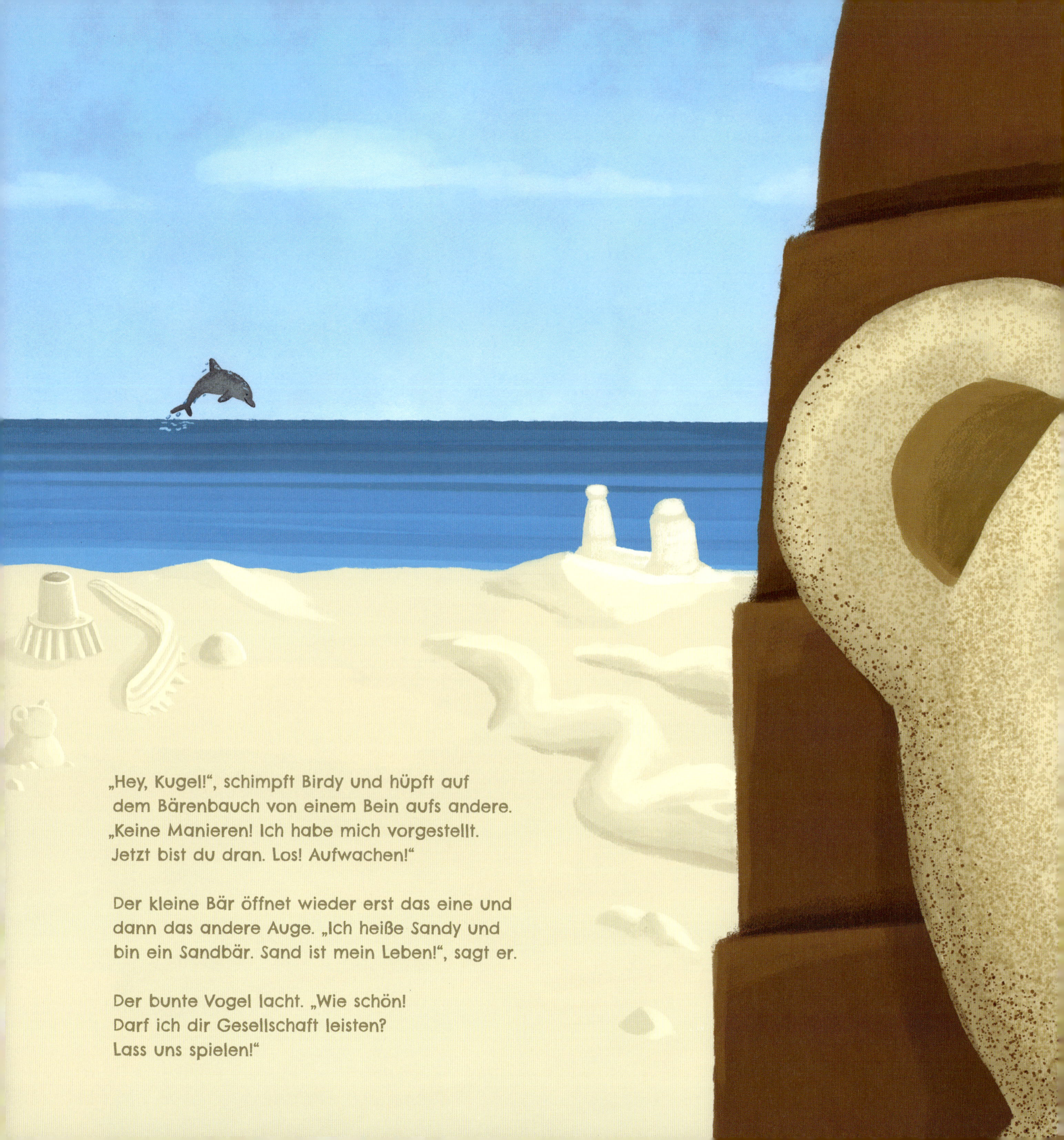

„Hey, Kugel!“, schimpft Birdy und hüpft auf dem Bärenbauch von einem Bein aufs andere. „Keine Manieren! Ich habe mich vorgestellt. Jetzt bist du dran. Los! Aufwachen!“

Der kleine Bär öffnet wieder erst das eine und dann das andere Auge. „Ich heiße Sandy und bin ein Sandbär. Sand ist mein Leben!“, sagt er.

Der bunte Vogel lacht. „Wie schön! Darf ich dir Gesellschaft leisten? Lass uns spielen!“

„Na gut“, brummt der Bär und steht etwas schwerfällig auf. Dann tapst er zu dem Platz auf der Insel, wo er immer Sandburgen baut und Sandkuchen bäckt. Stolz zeigt er Birdy seine Welt aus Sand.

Der bunte Vogel ist auf einmal ganz aufgeregt. „Das hast du alles selbst gemacht?“, fragt er. „Du bist ja ein Künstler! Auf meinen Reisen habe ich schon viel gesehen, aber noch nie solche Wunder aus Sand.“

Der kleine Bär ist etwas verlegen. Dann fragt er: „Was hast du denn schon alles gesehen auf deinen Reisen, Birdy?“

Der quietschbunte Vogel plustert sein Gefieder auf und beginnt aufzuzählen:

„Alsoooo: Die verschlafene Sphinx bei Sonnenaufgang.

Den Eiffelturm im goldenen Abendlicht.

Den Kreml in einer langen Sommernacht.

Die Chinesische Mauer im Morgentau.“

Dem kleinen Bären schwirrt der Kopf von all den fremden Namen.
„Erzähl mir mehr davon“, bittet er den Vogel.
„Ich möchte nämlich gerne diesen Waffelturm und auch den Krümel aus Sand bauen. Du musst sie mir nur genau beschreiben.“

„Hahaha! Waffelturm und Krümel!“, kreischt Birdy und hält sich mit beiden Flügeln den gefiederten Bauch vor Lachen. „Du meinst wohl den Eiffelturm und den Kreml. Aber deine Worterfindungen sind sehr lustig! Auja, lass uns einen Waffelturm und einen Krümel bauen.“

Gesagt, getan.

Birdy beginnt, farbenfroh von fremden Ländern
und Bauwerken zu erzählen.
Und Sandy formt das, was er hört, geschickt aus Sand.
Zuerst versucht der Sandbär, alles genau so zu bauen,
wie Birdy es beschreibt.

Aber bald schon finden Bär und Vogel es viel lustiger,
die Dinge fantasievoll zu verändern.

Sie stellen den Eiffelturm auf den KOPF.

Sie setzen dem Kreml
Mützen auf.

Sie lassen mitten durch die
Chinesische Mauer einen
kleinen Bach mit Meerwasser
fließen, um so richtig schön
zu matschen.

Und sie buddeln wie verrückt im Sand
auf der Suche nach der
verlorenen Nase der Sphinx.

Die beiden haben sooooo viel Spaß!

Wie schön ist es doch, einen Freund zu haben, der die ganze Welt gesehen hat und so tolle Geschichten erzählen kann, denkt Sandy.

Wie schön ist es doch, einen Freund zu haben, der auf einer Insel voller Sand lebt und ein echter Sandkünstler ist, denkt Birdy.

Nach einer Weile ist die ganze Insel voller neuer Kunstwerke aus Sand.
Doch irgendwann wird der fröhliche Vogel plötzlich ernst.
„Sandy“, sagt er, „du bist der beste Bär, den ich jemals kennengelernt habe.
Wir hatten eine wundervolle Zeit miteinander. Und was am schönsten ist:
Wir sind Freunde geworden.“

Er räuspert sich und krächzt dann leise: „Doch jetzt muss ich leider
weiterziehen. Auf deiner Insel gibt es nur Sand und Kokosnüsse.
Davon kann ich nicht leben. Aber ich werde dich bald wieder besuchen.

Großes Vogel-Ehrenwort!“

Sandy setzt sich in den Sand und lehnt sich mit dem Rücken an seine Palme. Er ist ein bisschen traurig, dass sein Gast ihn schon wieder verlässt. Aber ein bunter Vogel ist eben ein bunter Vogel, und ein Sandbär ist ein Sandbär.

Da breitet Birdy ganz weit seine Flügel aus und umarmt den kleinen Bären. „Ich werde dich vermissen, meine liebe Kugel! Komm, lass uns zum Abschluss noch ein letztes Gebäude bauen: Schloss Neuschwanstein. Danach fliege ich los!“

Also buddeln der Sandbär und der Vogel nochmals gemeinsam im Sand.
Und tatsächlich: Es entsteht ein wunderschönes Schloss Neuschweinstein!

„Schöner hätte das nicht mal König Ludwig hinbekommen!", trällert Birdy glücklich.
„Wenn ich wiederkomme, erzähl ich dir noch mehr von diesem Märchenkönig",
verspricht er seinem Freund.

„Gute Reise“, brummt der Bär. Mit seiner dicken, sandigen Tatze wuschelt er liebevoll durch die roten Kopffedern des Vogels.

Dann erhebt sich sein Gast langsam in die Luft. Höher und immer höher.
Sandy winkt dem bunten Vogel nach, solange er ihn am Himmel sehen kann.
Und sogar die Palme schwenkt ihre grünen Palmblätter zum Gruß.

Bis bald, Birdy!

Was werden die beiden Freunde wohl beim nächsten Mal bauen?
Hast du eine Idee für ein Kunstwerk aus Sand? Was würdest du bauen?

Gatschen und matschen ist fein. Aber was tun, wenn es mal regnet und ihr nicht am Sandstrand oder in der Sandkiste buddeln könnt?
Sandy hat eine bärige Idee. Ihr geht in die Küche und backt mit euren Eltern oder Großeltern gemeinsam einen Sandkuchen oder leckere Bärentatzen.

Viel Spaß und gutes Gelingen!

Sandys Sandkuchenrezept

zum Nachbacken für zu Hause

ZUTATEN

für eine Gugelhupfform mit ca. 20 cm Durchmesser

- 250 Gramm Butter
- 4 Eier
- 250 Gramm Mehl
- 1 Päckchen Backpulver
- 250 Gramm Speisetopfen (dann wird der Sandkuchen besonders saftig)
- 5 Esslöffel geraspelte Schokolade (für etwas Farbe im Kuchen, kann auch weggelassen werden)
- 250 Gramm Zucker
- 1 Päckchen Vanillezucker
- etwas geriebene Zitronenschale für das Aroma, den Geschmack
- etwas Butter und Mandelsplitter zum Ausstreichen der Gugelhupfform

Die Butter mit dem Mixer richtig schaumig rühren (das kann schon mal fünf Minuten dauern).

Eier, Zucker, Vanillezucker, Topfen und die Zitronenschale unter die cremige Butter rühren. Mehl, Backpulver und die geraspelte Schokolade vermischen und nach und nach unter die Teigmasse geben.

Die Gugelhupfform mit Butter ausstreichen, mit Mandelsplittern ausschwenken und den Teig hineinfüllen.

Den Sandkuchen im auf 180°C vorgeheizten Backofen (Ober- und Unterhitze) ca. 45 Minuten backen.

Fünf Minuten im ausgeschalteten Backrohr nachziehen lassen, danach auf ein Kuchengitter stürzen und auskühlen lassen.

Vor dem Servieren mit Staubzucker bestreuen. Nun könnt ihr euch den Sandkuchen mit einem Becher heißer Schokolade schmecken lassen!

Süße Bärentatzen

zum Nachbacken für zu Hause

ZUTATEN

für eine Bärentatzen-Backform aus Silikon mit zwanzig Einlassungen

- 125 Gramm zimmerwarme Butter
- 100 Gramm Staubzucker
- 1 Päckchen Vanilliezucker
- 1 Prise Salz
- 1 Ei
- 150 Gramm geriebene Mandeln
- 100 Gramm Mehl
- 50 Gramm Maisstärke
- ½ TL Backpulver
- ½ TL Zimt (gemahlen)
- ½ TL Nelkenpulver
- ½ TL Kardamom (gemahlen)
- ein bisschen geriebene Bio-Zitrone und Bio-Orange
- Fett für die Bärentatzen-Förmchen
- Himbeer- oder Ribiselmarmelade (je nach Geschmack) und dunkle Schoko-Kuchenglasur zum Tauchen unserer „Bärentatzen“

* **HINWEIS:** Bei größeren Einlassungen verlängert sich die Backzeit um einige Minuten.

Den Backofen auf 180 °C Ober- und Unterhitze (Umluft 160 °C) vorheizen.

Für den Teig Butter, Zucker, Vanillezucker und Salz mit dem Mixer ca. 3 Minuten schaumig schlagen. Das Ei unterrühren.

Mandeln, Mehl, Maisstärke, Backpulver und die Gewürze mischen, nach und nach unterrühren. Orange und Zitrone heiß abwaschen, abtrocknen, fein reiben und ebenfalls untermischen.

Den Teig nun in die mit Butter ausgefettete und mit Mehl bestreute Bärentatzen-Backform (Tatzengröße 4 cm*) geben.

Im heißen Backrohr ca. 5 Minuten backen. Eventuell nach der Hälfte der Backzeit die Oberfläche etwas flach drücken, damit die Tatzen flach bleiben und später gut gefüllt und zusammengesetzt werden können.

Die „Bärentatzen“ kurz in der Form abkühlen lassen, aus den Mulden stürzen und auf ein Kuchengitter legen. Die Form säubern, wieder einfetten und mit Mehl ausstreuen und den Teig einfüllen. Diesen Vorgang nun so lange wiederholen, bis der ganze Teig verbraucht ist und alle Tatzen zum Abkühlen auf dem Kuchengitter liegen.

Danach die Hälfte der produzierten Tatzen mit Marmelade bestreichen und eine zweite Tatze drauflegen.

Die Schokoglasur nach der Packungsanweisung schmelzen und die Bärentatzen darin tunken.
In einer Keksdose bleiben die Bärentatzen bis zu drei Wochen saftig und frisch.

Die Gebäude und Wahrzeichen in unserer Geschichte gibt es wirklich!
Sie sind lange bevor Sandy und Birdy viel Spaß auf ihrer Insel hatten entstanden.

Chinesische Mauer

IN CHINA, ASIEN

Die Chinesische Mauer liegt in China. Die Chinesen nennen sie die „Zehntausend-Meilen-lange Mauer". Sie diente dazu, das Land vor den Völkern zu beschützen, die weiter nördlich lebten. Vor mehr als 2600 Jahren wurde mit dem Bau begonnen. Die Mauer besteht aus Stein, Ziegeln, Lehm und Holz. Sie ist über 21.000 Kilometer lang. Das ist länger als die drei längsten Flüsse (Nil, Amazonas und Jangtse) der Welt zusammen. Heute ist der größte Teil der Mauer verfallen. In gewissen Abständen hat die Mauer Türme, auf denen früher Soldaten Ausschau nach Feinden hielten. Heute ist die Mauer ein beliebtes Ausflugsziel für viele Chinesen und Gäste aus nah und fern.

Schloss Neuschwanstein

IN DEUTSCHLAND, EUROPA

Dieses Schloss ist wohl das meistbesuchte Schloss Deutschlands. Vor mehr als 700 Jahren stand dort anstelle des heutigen Schlosses die Burg Hohenschwangau. Von den hohen Felsen, auf denen sie stand, hatten die Ritter einen tollen Überblick, um nach Feinden Ausschau zu halten. Viele Jahrhunderte später träumte der junge bayrische König Ludwig II. von einem majestätischen Schloss und gab es so, wie er es sich vorstellte, in Auftrag.

Eiffelturm

IN FRANKREICH, EUROPA

Der Eiffelturm ist ein hoher Turm in Paris. Paris ist die Hauptstadt Frankreichs. Der Turm ist 300 Meter hoch, mit Antenne 324 Meter. Ausgedacht hat sich den Turm Gustave Eiffel. Daher kommt auch der Name.
Er wollte damit zeigen, wie hoch man mit Eisen bauen kann. Fertiggestellt wurde der Turm zur Weltausstellung in Paris im Jahr 1889. Dort wollte man die neuesten Erfindungen zeigen. Mit dem Aufbau wurde schon zwei Jahre vorher begonnen.

Kreml

IN RUSSLAND, ASIEN

Der Kreml liegt auf einem Hügel in Moskau, der Hauptstadt Russlands. Er besteht aus mehreren Gebäuden mit einer Mauer herum. Die Mauer ist über 2000 Meter lang und stammt aus dem Mittelalter. Gebaut wurde sie aus dunkelroten Backsteinen, wie auch die 20 Türme. Im Kreml stehen unter anderem drei Kathedralen, das sind sehr große Kirchen, und einige weitere kleinere Kirchen. Besonders die kleinen Zwiebeltürmchen sind weit über die Grenzen hinaus bekannt und ein beliebtes Fotomotiv.

Sphinx

IN ÄGYPTEN, AFRIKA

Eine Sphinx ist ein Fabelwesen. Bei den alten Ägyptern hat die Sphinx den Körper eines Löwen und den Kopf eines Menschen. Am bekanntesten ist wohl die Große Sphinx oder Sphinx von Gizeh. Sie dreht der Chephren-Pyramide den Rücken zu und ist 73 Meter lang. Für die alten Ägypter war eine Sphinx eine Wächterin. Feinde sollten sich vor ihr fürchten.

Schiefer Turm von Pisa

IN ITALIEN, EUROPA

Dieser Turm steht in der Stadt Pisa in der Toskana und stammt aus dem Mittelalter. Eigentlich hätte er hundert Meter hoch werden sollen. Aber die Erbauer bedachten nicht, dass der Boden in dieser Region sehr lehmig und sandig ist. Als sie beim dritten Stock angekommen waren, neigte der unfertige Turm sich schon zur Seite. Erst nach hundert Jahren baute man weiter, und zwar ein wenig krumm, um die Schiefe auszugleichen. Weitere hundert Jahre vergingen und letztendlich wurde das Bauwerk nur 56 Meter hoch. Er ist so schief, dass die Spitze fast vier Meter von der Turmmitte entfernt ist. In der Turmspitze hängen sieben Glocken. Außerdem diente der Turm früher als Zufluchtsort, wenn die Stadt durch Feinde bedroht wurde.

Kolosseum

IN ITALIEN, EUROPA

Das Kolosseum ist ein Stadion in Rom, der Hauptstadt Italiens. Es wurde vor rund 2000 Jahren im Altertum erbaut und war das größte geschlossene Bauwerk des Römischen Reiches. Das Kolosseum hat seinen Namen von einer Koloss-Figur, die vor dem Stadion errichtet wurde. Ein Koloss ist heute noch der Ausdruck für einen großen Menschen. Im Kolosseum hatten früher viele tausend Menschen Platz. Im Altertum wurden dort vor allem Kämpfe ausgetragen, bei denen es um Leben und Tod ging. Zum Beispiel gingen Menschen mit Schwertern aufeinander los. Wilde Tiere wie Löwen, Panther und Elefanten kämpften gegen andere wilde Tiere oder gegen Menschen. Die Spiele dauerten oft viele Tage lang. Die Zuschauer saßen auf einfachen Stufen. Es gab über 80 Eingänge in den Innenraum. Bei heißem Wetter sollen sogar große Segel aus Stoff aufgespannt worden sein. Diese sollten die Zuschauer vor der Sonne und der großen Hitze schützen.

Stonehenge

IN GROSSBRITANIEN, EUROPA

Stonehenge ist der Name eines sehr alten Denkmals aus Steinen. Es liegt im Süden von England und stammt aus der Steinzeit. Es ist nicht bekannt, wie die Anlage errichtet wurde. Die Steine mussten über lange Wegstrecken herangekarrt werden. Niemand weiß, warum Stonehenge gebaut wurde. Auf dem Gelände fanden Wissenschaftler einige Gräber und Überreste von Menschen. Forscher vermuten, dass es eine Anlage für die Astronomie war. Die Steine stehen so, um die Bahnen von Sonne und Mond beobachten zu können. Noch heute ist Stonehenge sehr beeindruckend, der größte Stein ist sechs Meter und siebzig Zentimeter hoch.